フランスで大人気の時短レシピ
一皿で大満足
のっけパスタ

塩田ノア

講談社

はじめに

パリに暮らして、もう13年になります。

パリの主婦は忙しい。仕事に子育て、地域活動にボランティア……。時間がないから、なにはともあれムダが嫌い。コーディネートに困る服は持たないし、家具や雑貨も教会のバザーや蚤の市で賢く選びます。料理に手間をかけないし、道具もあまり使いません。それでもおしゃれで、おいしいものが大好きで、センスアップに妥協しないのがパリの主婦たち。

そんなパリではパスタが大人気。じつは、フランスには本場イタリアの2倍ものパスタ屋さんがあるんです。とくにパリならではのごちそうパスタが大注目。スローライフなイタリアのトラットリアだったら3皿料理で出てくるコースが、一皿にドカンと合体しているのです。これが家庭でも大人気で、その理由は一皿なので洗い物が少ないこと。そして、3品作る手間を大幅カットできる合理性がウケたようです。それを私は「のっけパスタ」と呼んでいろいろなバリエーションで作っています。

スローで
時間をたっぷりかける
イタリア流

きのこのアヒージョ

＋

トマトソースフェトチーネ

＋

ローズマリー風味のチキンソテー 長芋添え

私は、料理研究家の母、塩田ミチルを手本に育ち、パスタの本場イタリアで、ゆったりスローなパスタ料理をマンマに学びました。だから、パリで暮らし始めた頃、近所の主婦たちの料理の仕方に驚きました。

たとえば、「ランチはパスタね」と決めたら、いきなり両手で<u>パスタをボキッ！</u>
「なになに？ パスタを折るなんてイタリア人が怒るわよ！」
「どうして？ こうすれば小さい鍋でいいし、扱いもラクでしょ」
<u>りんごを包丁でむいて驚かれた</u>ことも。
「ノア、どうしてピーラーを使わないの？ ラクなのに」
そう、ピーラーはフランス人の発明品。この<u>便利さと合理性</u>に慣れると、ピーラーはもとより、彼女たちの料理スタイルを真似せずにはいられません。

パリに住み、ご近所の主婦たちやマルシェでの会話や、レストランやカフェで出会った味などをもとに、作りやすくアレンジしたパスタ料理がこの本のレシピです。一皿なのに、どの料理も3皿コースになるごちそう感。晩ごはんでもパーティーでも、みんなにいばれるパスタスタイル「のっけパスタ」です！

合理的でおいしくて
おしゃれ
フランス流

=

チキンソテーのせトマトパスタ

目次

はじめに 2

手間なし、鍋なし、洗い物なし。いいことだらけの、パリ流のっけパスタ 6

Part 1 深めフライパン一つで完成
メインといっしょに直煮パスタ

基本のパリ流直煮のっけパスタ 10
アクアパッツァのっけパスタ 10
鶏肉とひよこ豆の直煮パスタ 14
チキンと生ハムのチーズブロシェットパスタ 16
豚しゃぶ温サラダパスタ 18
パスタパエリア 20
ポトフなパスタ 22
汁なし担々パスタ 24
カラフルなストラッチャテッラ風パスタ 25

Part 2 フライパンとゆで鍋一つ
どかんとごちそうのっけパスタ

肉のっけパスタ編 28
チキンソテーのせトマトパスタ 28
ステークアッシェとホットサラダパスタ 32
どかんとしょうが焼き和風パスタ 34
ハムステーキ豆腐カルボナーラ 36
ミートボールラタトゥイユペンネ 38
根菜みそソースのステーキパスタ 40
ローストビーフのペペロンチーノ 42
コンビーフジャーマンパスタ 44
チキンピカタのカレーパスタ 45

魚介のっけパスタ編 46

さばとキャベツのレモンドレッシングパスタ　46
スライサーだけ野菜たっぷりツナパスタ　50
牡蠣ベーコンとかぼちゃクリームパスタ　52
帆立てのアンチョビクリームパスタ　54
サッとスチーム鯛の春パスタ　56
生鮭のごま焼き豆乳クリームソース　58
いわしのシチリア風パスタ　60
豆たこパスタアンチョビ風味　61

コラム

忙しいパリの主婦のスペシャルテク
　冷凍で作るおしゃれパスタ2種　62

①パリで人気のパピヨット
　帆立て貝とグリーンアスパラのパピヨット　64

②チュニジアレストランの味、焼きパスタ
　チュニジア風シーフード焼きパスタ　65

Part 3 ゆで鍋とボウル一つ
あっという間の冷製のっけサラダパスタ

基本のパリ流冷製のっけパスタ 68

エスニックマンゴーサラダパスタ　68
冷凍トマトでガスパチョパスタ　72
カプレーゼ風冷製しらすパスタ　74

コラム

意外と簡単
　手打ちパスタで楽しい、おいしい！

①ポテトニョッキのクアトロフォルマッジ　76
②ストロッツァプレーティのトマトバジリコソース　78

この本の使い方
＊本書のレシピに記載された計量単位は、カップ1は200ml、大さじ1は15ml、小さじ1は5mlです。
＊電子レンジやオーブントースターなどの加熱時間、加熱温度はあくまでも目安です。
　機種によって異なるので様子を見ながら調整してください。
＊EXVオリーブ油は、エクストラバージンオリーブオイルです。

メイン　ローズマリー風味イタリアン煮魚
パスタ　ボンゴレ
前菜　プチトマトのサラダ

普通は使う鍋やボウルもたくさん。
途中で洗いながら!?

手間なし、鍋なし、洗い物なし。
いいことだらけの、パリ流のっけパスタ

ワインを飲んでおしゃべりしながら、前菜・メイン・パスタ料理。大好きです、フルコースをゆったり楽しむ時間。でも、家庭でその3皿を準備するとしたら……。鍋もたくさん必要だし、作る順番にも悩みます。何より作るのが大変。

そこで、パリ流のっけパスタの出番です。普通に作ると、それぞれの料理に一つずつ鍋が必要ですが、私のレシピではたった一つのフライパン、またはそれにパスタをゆでる鍋をプラスするだけ。フルコースのボリュームとおいしさはそのままに、20分前後で手間なく作って、一皿にどかんと盛りつけちゃう。だから、食事の途中で席を立つこともなく、家族との会話もしっかりできる。

このパリ流は、料理の途中でフライパンを洗い直す必要もなく、材料を次々と足していきます。パスタがゆで上がると同時に、ごちそうパスタのできあがり！手間なし、鍋なし、食後の洗い物も少なくなって、いいことだらけの一皿なんです。

パリ流なら、フライパン一つ。
手間を省いておいしい仕上がり

Part 1
深めフライパン一つで完成

Pâte de la façon de one-pot

メインといっしょに直煮パスタ

火が通りにくい材料から順番に、
フライパンに入れていくだけのシンプルクッキングは、
パリの主婦たちにも大人気のレシピです。
人気の秘密は、フライパン一つでフルコース並みの
満足パスタに仕上がるごちそう感。そしてなにより、
食後の洗い物がフライパン一つですむ手軽さです。
素材の水分やうまみをパスタに全部吸わせるので、
相乗効果でおいしくなるのも「パリ流直煮のっけパスタ」のいいところ。

パリ流直煮のっけパスタの基本

① 基本は火の通りにくい材料から投入。

② パスタは火の通りやすい細めの
ロングパスタ、またはショートパスタを使用。

折りにくいときは、パスタをふきんで包んで台の角にあてると折れやすい。

③ ロングパスタは半分に折り、火の通りも、
扱いやすさも、鍋中の動かしやすさもアップ。

④ 野菜と肉や魚の一番おいしい組み合わせをご紹介！

⑤ 食後の洗い物はフライパンと皿2枚（2人で）だけ。

●基本のパリ流直煮のっけパスタ

ローズマリー風味の煮魚がパスタとサッとできてしまう

アクアパッツァのっけパスタ

フライパン

0分
1 魚介の準備
　トマトを切る
2 にんにくをつぶす
3 赤唐がらしを切る

5分
4-5 フライパンを火にかける

6-7 あさりを加え、蒸し煮にする

10分
8 魚を入れる

9 プチトマトを入れる

15分
10-11 パスタをゆでる

12 仕上げ

20分
盛りつけ

材料(2人分)
カペリーニ　120g
白身魚(いさき、小さめの金目鯛、めばるなど)
　　2尾
あさり(殻つき、砂抜き)　300g
プチトマト　12個
にんにく　1かけ
赤唐がらし　1本
白ワイン　大さじ2
ローズマリー　1枝
EXVオリーブ油、塩、こしょう　各適量

作り方

1 白身魚(店でうろこや内臓を除いてもらう)は、片面に深く切り目を入れて、塩少々をふる。あさりは流水でよく洗う。プチトマトはへたを除いて半分に切る。

2 にんにくは木べらを使ってつぶす。つぶしてから根元を切ると、皮がつるっとむけ、芽もいっしょに除きやすくなる。

3 赤唐がらしは、サッと水につけて柔らかくしてから包丁で縦に切り目を入れ、種を除いて小口切りにする。

にんにくは皮をむく前につぶす

4 フライパンににんにく、オリーブ油大さじ2を入れ、弱火にかける。にんにくは焦げやすいので、火にかける前に入れるのがコツ。

にんにくは焦げないように火にかける前に投入

5 フライパンを傾けて油にしっかりにんにくの香りを移し、香りが立ったら赤唐がらしを加える。

6 あさりを加える。あさりの水分で油がはねるので、加えるときはいったん火を止め、再び火をつけ、中火にして白ワインと水カップ2、ローズマリーを加える。

7 ふたをして、沸騰するまで蒸し煮にする。

魚を入れるタイミングがおいしさを決める

8 沸騰したら魚を加える。沸騰する前に魚を入れると生臭くなるので、必ず沸騰してから。

パスタの位置が重要

9 もう一度沸騰したら、プチトマトを加える。

11 魚の間にパスタを加え、魚をくずさないように木べらで混ぜる。

10 フライパンの中で混ぜやすいように、パスタを半分に折る。

「パスタは半折り」が合理的なパリ流です

12 パスタのゆで時間より1分短く火を通し、味をみて塩、こしょう、オリーブ油を加えて仕上げる。

イタリアでは──3皿コース

① プチトマトのサラダ
Insalata di pomodorini

② ローズマリー風味イタリアン煮魚
Pesce《Isaki》al vapore

③ ボンゴレ
Linguine alle vongole

パリ流では——
一皿で
アクアパッツァのっけパスタ
Pate à l'acquapazza《l'eau folle》

豆を手軽においしくヘルシーに
鶏肉とひよこ豆の直煮パスタ
"Pasta e ceci" au poulet

3皿コースでは
① しし唐とグリーンオリーブの
　 ホットサラダ
② チキンソテー
③ パスタ・エ・チェーチ
　（ひよこ豆のパスタ）

材料(2人分)
カペリーニ　150g
鶏手羽元　8本
ひよこ豆　カップ3/4(100g)
しし唐　1パック
グリーンオリーブ(水煮)　70g
グリーンオリーブのつけ汁　適量
にんにく　1/2かけ
EXVオリーブ油　大さじ3
塩、こしょう　各適量
セージ(生)またはローリエ(乾燥)
　1〜2枚
パルメザンチーズ　適量

作り方
1　ひよこ豆はファスナーつきポリ袋に入れ、たっぷり水を加えて一晩おく(a)。

2　鶏肉は骨に沿って2本深く切り込みを入れて(b)、強めに塩、こしょうをふる。しし唐は包丁で縦に切り目を入れる。にんにくはつぶす。

3　フライパンにオリーブ油とにんにくを入れて弱火にかけ、香りが立ったら鶏肉を入れる。返しながら中火でこんがりと焼きつけるように6分ほど焼く(c)。

4　1の豆、豆のもどし汁と水計カップ1、オリーブ、オリーブのつけ汁カップ1/3（d）、セージを加え、ふたをして弱火で10分ほど煮る。

5　パスタを半分に折って、しし唐とともにフライパンに加え、さらに10分ほど煮る。味をみて、塩けが足りなければオリーブのつけ汁を足す。

6　器に盛り、チーズ、オリーブ油(分量外)をかける。

a

手軽にもどせるうえ、もどし汁に豆のうまみがしっかり残る。

b

包丁の先端で切り込みを入れ、肉をはがれやすくする。

c

トングで軽く押しつけ、こんがり焼き色をつける。

d

オリーブのつけ汁の塩けで味つけが簡単に決まる。

乾燥豆はポリ袋を使ってもどせば簡単。
豆料理なのに30分かからずに
できあがるのが魅力です

チキンと豆を均等に散らし、同時に火を通す
チキンと生ハムのチーズブロシェットパスタ
Pâtes à la sauce crémeuse avec rouleaux poulet et jambon cru

3皿コースでは
①3種のビーンズサラダ
②チキンブロシェット
③生ハムクリームパスタ

材料(2人分)
- フェデリーニ　160g
- ささ身　4本
- 生ハム　4枚
- スライスチーズ　2枚
- 玉ねぎ　1/2個
- むき枝豆、そら豆(生または冷凍)
  　正味計　カップ1/2
- スナップえんどう　8本
- A 牛乳、水　各カップ1 1/4
  │ 白ワイン　カップ1/3
  │ 塩　小さじ1/2
- バター　大さじ1
- サラダ油　適量

作り方

1　ささ身はラップではさんで軽くたたき、薄くのばす。スライスチーズは半分に切る。玉ねぎは粗みじん切りにする。豆は冷凍の場合ざるに入れて熱湯をかける。スナップえんどうはさやを半分に割る。

2　ささ身、生ハム、スライスチーズを重ねて巻き、2ヵ所に楊枝を刺して留め、半分に切る(a)。

3　フライパンにサラダ油を熱し、玉ねぎが透き通るまで3分ほど炒めたらAとパスタを半分に折って加える。

4　2分ほどしたら全体を混ぜ、汁けが足りないようなら水を少量足して、2のささ身と豆類を全体に散らす(b)。

5　ぴったりふたをしてそのまま5分ほど煮る。ささ身の楊枝を除き、仕上げにバターを細かくちぎりながら散らして溶かす(c)。

a

ささ身、生ハム、チーズを順に重ね、しっかり巻いて楊枝で留め、ブロシェットを作る。

b

均等に火が通るように、豆類は全体にバランスよく散らす。

c

最後にバターを散らして、コクをプラス。

西洋の串焼き料理、ブロシェット。パサつきがちなささ身をしっとりクリーム風味に仕上げたヘルシーパスタ

豚肉を広げて入れるのがコツ
豚しゃぶ温サラダパスタ
Salade chaude de pâtes au porc "Shabu-Shabu"

3皿コースでは
①レタスとズッキーニの温サラダ
②ゆで豚のドレッシングがけ
③がらスープパスタ

材料(2人分)
カペリーニ　160g
豚ロースしゃぶしゃぶ用肉　100g
レタス　1/2個
ズッキーニ　1/2本
貝割れ大根　1/2パック
がらスープの素(顆粒)　小さじ1/2
塩、こしょう　各少々
サウザンドアイランド(またはイタリアン)
　ドレッシングなど(市販)　適量

作り方
1　豚肉は塩、こしょうをふる。レタスは食べやすい大きさにちぎる。ズッキーニはスライサーで縦に細長く切る。貝割れ大根は根を除く(a)。
2　フライパンに湯カップ1 2/3とがらスープの素を入れ、沸騰したらパスタを半分に折って入れる。
3　サッと混ぜて、3分ほど経ったところでレタス、ズッキーニを加え、再び沸騰したら豚肉を広げてのせ(b)、ぴったりふたをして5分ほど煮る(c)。
4　貝割れ大根を加えて火を止め、器に盛って好みでこしょうをふり、ドレッシングをかける。

a

野菜は食べやすい大きさに切る。

b

豚肉は広げ、重ならないようにのせる。

c

ふたをして蒸し煮にしながら仕上げる。

野菜に軽く火を通し、
歯ごたえのあるおいしさに。
パスタ、野菜、肉を順に
入れていくだけ

米より軽い、速い、簡単！
パスタパエリア
Paella aux pâtes

材料(2人分)
コンキリエッテ(または小さなマカロニ)
　150g
やりいか(小さめ)　2〜3杯(200g)
えび(無頭)　8尾
ムール貝　4〜6個
エリンギ　大1本
パプリカ(赤)　1/2個
プチトマト　8個
サラミ　6切れ
にんにく　1かけ
EXVオリーブ油　大さじ2
サフラン(*)　1つまみ
パプリカパウダー　小さじ1
塩　適量
レモン　適宜
*サフランがなければパプリカパウダーを小さじ2に増やす。

作り方
1　サフランははさみで切って(a)湯カップ1/2に浸す。
2　いかは内臓を除き、食べやすい大きさに切る(b)。えびは殻と背わたを除き、塩でもんでからさっと水洗いする。ムール貝はよく洗って、足糸を除く(c)。
3　エリンギは長さを半分に切って、繊維に沿って薄切りにする。パプリカはへたと種を除いて3cm角に切る。プチトマトはへたを除く。にんにくはつぶす。
4　フライパンににんにくとオリーブ油を入れ、弱火にかけゆっくりと香りを立て、いかとエリンギ、パプリカをサッと炒める。
5　水カップ1 1/2と1を注ぎ、中火にして沸騰したらパスタと塩小さじ1/2強とパプリカパウダーを加える。
6　全体を混ぜ、3分ほど経ったらえび、プチトマト、ムール貝、サラミをのせ、ふたをして5分ほど加熱する。
7　好みでレモンを絞り、オリーブ油(分量外)を回しかける。

a

サフランは小さな器に入れ、はさみの刃先で切ると飛び散らない。

b

いかは食べやすい大きさに切る。

c

ムール貝は殻からはみ出している足糸を指で引き抜く。

おなじみのパエリアを、パスタ仕立てに。米よりずっと短時間でできるので普段の夕食にサッと作れます

スープで野菜を煮込みながらパスタもゆでちゃう

ポトフなパスタ

Nouilles "Bollito misto" de charcuterie

材料(2人分)
スパゲッティーニ　150g
キャベツ　1/3個
玉ねぎ(小さめ)　1個
にんじん　1本
セロリ　1/2本
じゃが芋　1個
フランクフルトソーセージ　2本
ベーコン(厚切り)　1枚(5〜6mm厚さ)
コンソメ(顆粒)　1袋(4.5g)
ローリエ　1枚
塩、こしょう　各少々
粒マスタード　適宜
クルトン(＊)　適宜

作り方

1　キャベツと玉ねぎは2等分に、にんじんは皮をむいて8等分に、じゃが芋は皮をむいて4等分に切る。セロリは筋を除いて4等分にし、葉はきれいなところを刻む。ベーコンは半分に切り、ソーセージは斜めに切り目を入れる。

2　1の野菜をフライパンに入れて水カップ3 1/2を注ぐ。中火にかけてコンソメとローリエを加えて10分ほど煮込む。

3　ベーコンを加えてさらに10分ほど煮る。

4　パスタを4〜5cm長さに折り(a)、3に加えてさらに10分ほど煮る。最後にソーセージを加えて味が抜けないように温める程度に煮て、塩、こしょうで味をととのえる。

5　器に盛り、セロリの葉と、好みで粒マスタード、クルトンを添える。

＊薄切りの食パンにオリーブ油とおろしにんにくを塗り、粉チーズをふってこんがりトーストし、1cm角に切れば、手作りクルトンのできあがり。

a

パスタを短く折るとき、折りにくい場合は、ふきんで包んでテーブルなどの角に押し当てるとラクに折れる。

ボリュームたっぷりの具材とパスタを、あっさり味のスープで煮込む、フランスのママンの味

焼きそばみたいな
ピリ辛味で、
元気が出るパスタです

調味料を混ぜておくと味が簡単に決まる

汁なし担々パスタ
Capellini "Tang-Tang"

材料(2人分)
- カペリーニ　160g
- 豚ひき肉　120g
- 青梗菜(チンゲンツァイ)　1株
- 長ねぎ　4cm
- もやし　1つかみ
- しょうが　1かけ
- にんにく　1かけ
- 温泉卵　2個
- A 甜麺醤(テンメンジャン)　大さじ1
  - がらスープの素(顆粒)　小さじ1/2
  - しょうゆ　小さじ2
  - 砂糖　小さじ1
  - 紹興酒(または酒)　大さじ2
  - ピーナツバター　大さじ3
  - ラー油　大さじ1
- サラダ油　少々
- 塩、こしょう　各少々

作り方
1　豚肉に軽く塩、こしょうをする。青梗菜は根元を除き、長さを半分に切る。長ねぎは縦に切り目を入れて芯の部分を取り出し、外側はせん切り、芯の部分はみじん切りにする。にんにくとしょうがはみじん切りにする。

2　Aは混ぜ合わせる。

3　フライパンに長ねぎの芯、にんにく、しょうが、サラダ油を入れて火にかけ、香りが立ったら豚肉を加えて炒める。

4　豚肉に火が通ったら水カップ1 2/3を加える。沸騰したらパスタを半分に折って、青梗菜の茎、もやしとともに加え5分ほど煮て、2の調味料を加える(a)。

5　調味料がパスタにからんだら青梗菜の葉を加えてサッと火を通す。器に盛り、長ねぎのせん切りと温泉卵をのせる。

調味料は味にムラができないように、先によく混ぜてから加えること。

パリでは、体調が悪いとき、野菜スープをとることが定番！

リズミカルな「ストラッチャテッラ」の意味はイタリア風のかき卵スープ
カラフルなストラッチャテッラ風パスタ
Soupe aux nouilles et légumes "Stracciatella"

材料(2人分)
スパゲッティーニ　120g
キャベツ　2枚
にんじん　1/2本
ピーマン　1個
A　卵　2個
　　パン粉　大さじ3
　　パルメザンチーズ　大さじ3
コンソメ(顆粒)　1袋(4.5g)
パセリ　適量
EXVオリーブ油、塩、こしょう
　各少々

作り方
1　キャベツはせん切り、にんじんは皮をむいてせん切り、ピーマンはへたと種を除いて細切りにする。パセリはみじん切りにする。Aは混ぜ合わせる。
2　フライパンに水カップ3 1/2とコンソメを入れ、火にかける。煮立ったらパスタを半分に折って加える。
3　5分ほど経ったらキャベツ、にんじん、ピーマンを加える。火が通ったら塩、こしょうで薄めに味をととのえる。
4　Aを加えて手早く広げ、ふたをしてサッと火を通す(a)。
5　器に盛り、パセリをふってオリーブ油をかける。

a

卵に火を通しすぎると固くなるので、手早く広げてサッと火を通すのがコツ。

Part 2
フライパンと
ゆで鍋一つ
Le plat tout en un a base de pâtes
どかんとごちそう
のっけパスタ

パリの人たちは野菜使いがとっても上手。
この章では、和野菜もおいしくパリ流にアレンジ。
野菜をたっぷり食べる工夫を取り入れて、
パスタと、毎日欠かせない肉や魚のしっかりメインとともに
一皿にまとめていただくレシピを紹介します。
パリの主婦をお手本にした鍋や道具の使い方をすれば、
調理中の洗い物はなし。使うのはフライパンとゆで鍋一つ。
ゆで汁や湯気も効率よく利用し、
パスタのゆで上がりと同時に3皿コースに匹敵するごちそうパスタが完成します。

パリ流ごちそうのっけパスタの基本

① ゆで鍋に水を入れ、火にかけて調理スタート。パスタのゆで上がりと同時にできる時短レシピ。

② ロングパスタは半分に折り、ゆで時間短縮。鍋中での動かしやすさもアップ。

ゆで鍋でパスタと同時に野菜をゆでたり、魚をスチームしたり。

③ パスタのゆで汁で野菜をゆでたり、湯気でスチームしたり。パスタのゆで時間もムダにしない。

④ 肉や魚を焼くときに出るうまみも使いきり、フライパンを洗うのは食後に一度だけ。

⑤ ピーラーを使えばまな板いらず。

●肉のっけパスタ編

こんがり焼き上げたチキンのうまみでトマトソースを作る。鍋も洗わず一石二鳥

チキンソテーのせトマトパスタ

ゆで鍋	フライパン	
1 火にかける	**0分** 2 肉を準備 3-5 野菜を切る	
	5分 6 肉を焼く 7 長芋を焼く	
10 パスタをゆでる	**10分** 8-9 長芋を取り出して肉を裏返す ローズマリーを入れ、にんにくを炒める	
12 きのこをゆでる	**15分** 11 肉を取り出してトマトソースを作る 13-14 仕上げ	
	20分 盛りつけ	

材料(2人分)

タリアテッレ　160g
鶏もも肉　2枚
しめじ、舞茸、エリンギなど　計150g
玉ねぎ　1/3個
長芋　8cm
にんにく　1～2かけ
トマト水煮缶　1/2缶(200g)
砂糖　1つまみ
塩、こしょう、EXVオリーブ油　各適量
パセリ　1枝
ローズマリー　1枝

作り方

1 鍋に水2.5ℓと塩大さじ1 1/2（分量外）を入れて火にかける。ステンレス鍋は、沸騰した湯に塩を入れると吹きこぼれるので、先に塩を入れたほうがいい。

2 鶏肉は厚いところに格子状に切り目を入れて厚みをなるべく均一にし、塩、こしょう各少々をする。

3 長芋は皮をむいて1cm厚さに切る。

鶏肉は脂を出すように押しつけながら焼く

4 玉ねぎは縦横に切り目を入れ、みじん切りにする。

5 にんにくは芽を除き、薄切りにする。きのこ類は、食べやすい大きさに手でさく。

6 フライパンにオリーブ油少々を弱めの中火で熱し、鶏肉を皮目を下にして入れ、フライ返しで押しつけるように6分ほど焼く。

7 肉を寄せ、フライパンの空いたところに長芋を加えて両面をこんがりと焼き、塩、こしょうをする。

8 長芋を取り出し、6の鶏肉を返し、弱火にしてローズマリーとにんにくを加える。

9 オリーブ油大さじ2を加え、フライパンを傾けてにんにくを泳がせるようにして香りを出す。

鶏肉のうまみたっぷりのトマトソースに

10 パスタをゆで始める。

11 鶏肉に焼き色のついた状態から4分ほど焼いて取り出し、玉ねぎを加えて2分ほど炒める。トマトと砂糖を加えて軽く煮詰め、トマトソースを作る。

パスタと一緒にきのこをゆでる

12 パスタがゆで上がる直前にきのこ類を加え、火を通す。

13 11に水けをきったパスタときのこを加え、トマトソースをからめ、塩で味をととのえる。

14 パセリの葉先を小さな器に入れ、はさみの刃先でみじん切りにする。器に13を盛り、パセリを散らす。鶏肉を好みの大きさに切って、長芋とともにのせる。

イタリアでは——3皿コース

①ローズマリー風味のチキンソテー 長芋添え
Pollo et igname alla griglia profumato con rosmarino

②きのこのアヒージョ
Funghi sott'olio caldo

③トマトソースフェトチーネ
Fettuccine alla salsa di pomodoro

フランスでは──
一皿で
チキンソテーのせトマトパスタ
Poulet sauté avec tagliatelle à la sauce tomate

ひき肉はパックのまま成形！　ハンバーグより手軽で簡単

ステークアッシェとホットサラダパスタ
Steak haché au fromage et salade chaude

3皿コースでは
①ホットサラダ
②チーズステークアッシェ
③オリーブとトマトのペンネ

ゆで鍋	フライパン	
0分		
1 火にかける	2 肉を準備	
	3 野菜を切る	
5分		
4 パスタをゆでる　トマトを湯むきする	5 玉ねぎとにんじんを炒め、取り出して調味する	
10分	6 肉を焼く	
15分	7 肉を取り出す　にんにく、トマトを炒める	
	8 パスタをあえる	
20分 盛りつけ		

材料(2人分)

ペンネ　140g
牛赤身ひき肉　200g
溶けるチーズ　45g
玉ねぎ　1/2個
にんじん　1本
完熟トマト　2個
にんにく　1かけ
黒オリーブ　6個
マスタード　小さじ1
酢　小さじ1
EXVオリーブ油　適量
塩、こしょう　各適量

作り方

1　鍋に水2.5ℓと塩大さじ1 1/2（分量外）を入れて火にかける。

2　ひき肉はパックのまま半分に分け、ラップをかけて上からぎゅっと押しつけ(a)、塩、こしょう各少々をする。

3　玉ねぎは繊維に沿って薄切り、にんじんは皮をむいて細切りにする(スライサーなどを使うと便利)。にんにくはみじん切り、オリーブは種を除いて薄切りにする。

4　湯が沸いたらパスタを入れ、トマトを10秒ほど湯につけて湯むきし(b)、ざく切りにする。

5　フライパンにオリーブ油小さじ2を中火で熱し、玉ねぎとにんじんを炒める。しんなりしたら取り出し、マスタードと酢であえる。

6　5のフライパンにオリーブ油小さじ1を足し、2の肉を焼く。焼き目がついたら返し、チーズをのせてふたをし、チーズを溶かす(c)。

7　肉を取り出し、オリーブ油大さじ1とにんにくを熱し、トマトと塩、こしょう各少々を加えて炒める。

8　ゆで上がったパスタとオリーブを7に加えてあえる。

9　器に8、6の肉、5の野菜を盛る。肉には好みでこしょうをふる。

a
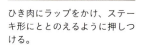
ひき肉にラップをかけ、ステーキ形にととのえるように押しつける。

b

トマトは十字に切り込みを入れ、10秒ほど湯につければ簡単に皮がむける。

c

チーズをのせふたをする。チーズを溶かすと同時に、蒸し焼き効果も。

ステークアッシェは、どのビストロにもある定番ハンバーグ。玉ねぎの風味が肉に、肉の風味がトマトソースに香ります

ごぼうはピーラーでちゃちゃっとささがきに
どかんとしょうが焼き和風パスタ
Côtes de porc sautées au gingembre

3皿コースでは
① 和野菜のゆでサラダ
② 豚のしょうが焼き
③ さやいんげんの
　和風ソースパスタ

ゆで鍋	フライパン		
	0分		
1 火にかける	2 肉を準備		
3 野菜を切る			
	5分		
	Aを合わせる		
4 パスタをゆでる	5 肉を焼く		
	10分		
6 野菜をゆでる	7 肉を取り出して切る		
	15分		
	8 ソースを作る		
	20分		
盛りつけ			

材料(2人分)
スパゲッティーニ(全粒粉)
　　160g
豚ロース厚切り肉　2枚
　｜小麦粉　少々
　｜塩、こしょう　各少々
れんこん　8cm
ごぼう　20cm
にんじん　1/2本
さやいんげん　4本
A　おろししょうが　小さじ1
　｜しょうゆ　大さじ2
　｜砂糖　小さじ1
　｜みりん　小さじ2
　｜粒マスタード　小さじ1 1/2
サラダ油　小さじ1
ごま油　少々
片栗粉　小さじ1強

作り方
1　鍋に水2.5ℓと塩大さじ1 1/2(分量外)を入れて火にかける。
2　豚肉は脂身に切り込みを入れ(a)、軽く塩、こしょうをして小麦粉をまぶす。
3　れんこんは皮をむいて2mm厚さのいちょう切り、ごぼうはたわしでよく洗い、大きめのささがきにして水にさらす(b)。にんじんは皮をむいて4cm長さの細切りにする。さやいんげんは斜めに3〜4等分に切る。Aは混ぜ合わせる。
4　湯が沸いたら、パスタを半分に折ってゆでる。
5　フライパンにサラダ油を熱し、肉を弱めの中火でじっくり焼く。
6　パスタがゆで上がる3分前に、3の野菜を鍋に入れてゆでる。
7　肉の両面がこんがり焼けたらキッチンペーパーで脂を軽くふき取り、Aの半量をからめて取り出し、食べやすい大きさに切る。
8　7のフライパンに残りのAとパスタのゆで汁カップ1/4を入れて火にかける。片栗粉を同量の水で溶いて加えとろみをつけ(c)、ごま油を加えてとろみソースを作る。
9　パスタと野菜の湯をきって器に盛り、肉をのせ、とろみソースをかける。

脂身に包丁で切り込みを入れ、肉が縮むのを防ぐ。

ごぼうはピーラーでささがきにするのが簡単で速い。

ソースは片栗粉を加えてとろみをつける。

全粒粉のパスタは
和風の味も
なじみやすいんです。
たっぷりの根菜と
しょうがをきかせた
ソースで

じゃが芋と同じくらいのゆで時間のパスタで同時に完成

ハムステーキ豆腐カルボナーラ
Carbonara au tofu avec jambon sauté

3皿コースでは
①じゃが芋と水菜のサラダ
②ハムステーキ
③豆腐カルボナーラ

ゆで鍋	フライパン	
		0分
1 火にかける		
2 野菜を切る		
	3 ハムを焼いて取り出す	
		5分
4 じゃが芋とパスタをゆでる	5 豆腐とAを混ぜる	
		10分
	6 豆腐ソースを作る	
		15分
7 水菜をサッとゆでる		
		20分 盛りつけ

材料(2人分)
スパゲッティーニ　140g
ハム(厚切り)　2枚
じゃが芋　1個
水菜　2株
にんにく　1かけ
絹ごし豆腐　1/2丁(150g)
A 卵　1個
　卵黄　1個分
　パルメザンチーズ　大さじ4
　マヨネーズ　大さじ2
EXVオリーブ油　大さじ1
黒こしょう　少々

作り方

1　鍋に水2.5ℓと塩大さじ1 1/2(分量外)を入れて火にかける。

2　じゃが芋は皮をむいて1cm厚さの半月切りにする。水菜は5cm長さに切る。にんにくは薄切りにする。

3　フライパンにオリーブ油とにんにくを入れて弱火にかけ、香りが立ったらハムの両面を焼いてハムとにんにくを取り出す。

4　湯が沸いたら、パスタを半分に折ってじゃが芋とともにゆでる(a)。

5　ボウルに豆腐をくずし入れ、泡立て器でクリーム状にし(b)、Aを加えてよく混ぜる。

6　3のフライパンに5を入れてすぐに火を止める。余熱で軽く火を通し、豆腐ソースを作る。

7　パスタがゆで上がる直前に、ざるに水菜を入れてサッとゆで(c)、水けを絞る。ゆで上がったパスタとじゃが芋の湯をきる。

8　器に6のソースを広げ、パスタとじゃが芋、ハムをのせて水菜を添え、黒こしょうをふる。好みで3のにんにくを散らす。

a
じゃが芋と同じくらいのゆで時間のスパゲッティーニを使うのが合理的。

b
豆腐は泡立て器でよく練り、なめらかなクリーム状にする。

c
水菜は火を通しすぎないように、ざるに入れてサッとゆでる。

ヘルシーさで
パリでも人気の豆腐を
クリーム状に。
焼きハムの風味が香る
カルボナーラ

ゆで湯を少なめにして、肉のうまみを残らずパスタに

ミートボールラタトゥイユペンネ
Ratatouille aux penne et boulettes de bœuf

3皿コースでは
①ラタトゥイユ
②ミートボール
③バジル風味のペンネ

ゆで鍋	フライパン	
0分		
1 火にかける	2 野菜を切る	
3 肉を準備		
5分		
4 トマトを湯むきして、ざく切りにするパスタをゆでる		
	5 野菜を炒める	
10分		
6 肉を丸めてゆでる		
15分		
20分		
盛りつけ		

材料(2人分)
ペンネ　130g
牛ひき肉　120g
　玉ねぎ　1/4個
　パン粉　大さじ4
　塩、こしょう　各少々
なす(小さめ)　2個
ズッキーニ　1/2本
パプリカ(赤)　1/2個
トマト　2個
にんにく　1かけ
コンソメ(顆粒)　1袋(4.5g)
EXVオリーブ油　大さじ2
砂糖　1つまみ
塩、こしょう　各少々
バジル　適宜

作り方

1　鍋に水1.5ℓと塩小さじ2(分量外)を入れて火にかける。

2　なすはへたを除いて乱切りにし、塩少々をふる。あくが出たらサッと水洗いして絞る。ズッキーニは皮を縞目にむいて1cm厚さの半月切り、パプリカは小さめの一口大に切る。にんにくはつぶす。

3　ボウルにパン粉を入れ、玉ねぎをおろし入れてしっとりさせ(a)、ひき肉と塩、こしょう各少々を加えてよく練り混ぜる。

4　湯が沸いたらトマトを入れて湯むきし、ざく切りにする。湯にコンソメを加え(b)、パスタをゆでる。

5　フライパンにオリーブ油とにんにくを入れて火にかけ、香りが立ったら2の野菜を炒める。油がまわったら4のトマトを加え、砂糖と塩、こしょうで味をととのえる。

6　パスタがゆで上がる4分前に3の肉を一口大に丸めて加え(c)、パスタとともに湯をきり、5の野菜とともに器に盛る。好みでバジルを添える。

a

パン粉はおろし玉ねぎでしっとりさせ、風味がきいたミートボールに。

b

ゆで汁にコンソメを加え、パスタにほんのり味をつける。

c

肉のうまみを逃さずパスタに吸い込ませるため、ゆでる湯は少量に。

玉ねぎの風味がきいた
ミートボールの
うまみをしっかり吸わせる、
時短テク

アルミホイルでお手頃肉を上等レアステーキに

根菜みそソースのステーキパスタ
Steak à la sauce de miso blanc

3皿コースでは
①根菜温サラダ
②ステーキみそソース
③九条ねぎパスタ

ゆで鍋 / フライパン

- 0分
  1 火にかける
  2 野菜を切る
- 3 肉を焼く / 肉をアルミホイルに包む
- 5分
  4 パスタをゆでる
  5 野菜を炒める
- 6 根菜みそソースを作る
- 10分
- 7 ねぎをゆでる
- 15分
  盛りつけ

材料(2人分)
- フェデリーニ　160g
- 牛赤身ステーキ肉　1枚(200g)
- れんこん(太め)　8cm
- ごぼう(細め)　20cm
- 九条ねぎ(またはわけぎ5本)　3本
- A 西京みそ　大さじ3
  　牛乳　カップ1/4
- 塩、こしょう　各少々
- サラダ油　適量
- バター　大さじ2

作り方

1 鍋に水2.5ℓと塩大さじ1 1/2(分量外)を入れて火にかける。

2 ごぼうは皮をたわしで洗って2mm幅の斜め切りに、れんこんは皮をむいて5mm幅の半月切りにして同時に水にさらす(a)。九条ねぎは根元は8mm幅の斜め切りに、葉の部分は5cm長さのざく切りにする。

3 肉に塩、こしょうをふる。強火で熱したフライパンにサラダ油少々入れ、肉の両面を中強火で焼き、取り出してアルミホイルに包む。包むことで、肉全体に柔らかく火がまわり、レアステーキが上手にできあがる。

4 湯が沸いたら、パスタを半分に折ってゆでる。

5 3のフライパンにサラダ油少々を足し、ごぼう、れんこんの水けをきって炒める。

6 ボウルにAを入れ、パスタのゆで汁少々を加えてなめらかに混ぜる(b)。5のれんこんが透き通ったらごぼうも加えて混ぜ、根菜みそソースを作る。

7 パスタがゆで上がる1分前に九条ねぎの根元を、直前に葉をゆでる。

8 パスタがゆで上がったら、ねぎとともに湯をきって器に盛り、根菜みそソースとそぎ切りにしたステーキをのせ、バターを添える。

a

最近の野菜はあくが少ないので、水にさらす時間はほんの少しでOK。

b

ゆで汁を少し加えて温め、みそを溶けやすくする。

肉のうまみを吸い込んだクリーミーリッチなソース。覚えておくと重宝、ステーキに絶妙に火を通す簡単テク

パスタと同時にローストビーフも仕上げる驚きのワザ

ローストビーフのペペロンチーノ
"Aglio e Olio" avec rosbif

3皿コースでは
①クレソンとかぶのサラダ
②ローストビーフ
③ペペロンチーノ

材料(2人分)
スパゲッティーニ　160g
牛かたまり肉[室温に戻す(a)]
　300g
かぶ　2個
クレソン　1束
にんにく　2かけ
赤唐がらし　1本
EXVオリーブ油　適量
塩、こしょう　各少々
しょうゆ　大さじ1
みりん　小さじ2

作り方

1 鍋に水2.5ℓと塩大さじ1 1/2(分量外)を入れて火にかける。

2 牛肉に塩、こしょうをふる。強火で熱したフライパンにオリーブ油少々入れ、牛肉の全面を中強火で焼きつける。耐熱性のファスナーつきポリ袋にしょうゆとみりんを入れ、肉を入れて、空気を抜く(b)。

3 かぶは皮ごと5mm幅の半月切りにする。葉先がきれいなら10cmほどをざく切りにする。にんにくは薄切りに、赤唐がらしは種を除いて小口切りにする。

4 湯が沸いたら火を止め、パスタを半分に折って2の牛肉とともに入れる(c)。そのまま4分おいて肉を取り出し再び火をつける。

5 2のフライパンににんにく、オリーブ油大さじ2を足して弱火にかけ、香りが立ったら赤唐がらしを加え、1〜2分炒める。

6 パスタがゆで上がる2分前にかぶとかぶの葉を加える。

7 パスタとかぶの湯をきり、5に加えてあえ、器に盛る。肉は薄切りにしてのせ、クレソンの根元を除いて添える。

ゆで鍋 / フライパン タイムライン

0分 肉を室温に
- 1 火にかける
- 2 肉を焼いてポリ袋に入れる
- 3 野菜を切る

5分
- 4 火を止め、肉とパスタを入れる
- 肉を取り出し、火をつける

10分
- 5 にんにく、赤唐がらしを炒める

15分
- 6 かぶをゆでる
- 7 パスタとかぶをあえる

20分 盛りつけ

a　肉は室温に戻しておくことがコツ。こうすると、中まで柔らかく火が通る。

b　全面を焼いた肉を袋に入れ、調味料を加えて内部の空気を抜く。

c　いったん火を止め、沸騰状態がおさまってから袋ごと湯に入れ、肉に火を通す。

肉を室温に
戻しておくのがコツ。
超手軽で失敗なし！
好評のオリジナル
ローストビーフです

さわやかドレッシングの
サラダ風パスタ仕立て

コンビーフはフライパンでくずし、器であえるから洗い物が少ない

コンビーフジャーマンパスタ

Pomme sauté au "corned beef"

材料(2人分)

ファルファッレ　120g
コンビーフ缶　1缶(150g)
じゃが芋　2個
玉ねぎ　1個
絹さや　12枚
ベビーリーフ　1パック
A 酢　小さじ2
　レモン汁　小さじ1
　粒マスタード　小さじ2
EXVオリーブ油　大さじ3

作り方

1　鍋に水2.5ℓと塩大さじ1 1/2(分量外)を入れて火にかける。

2　じゃが芋は皮をむいて1cm厚さに切る。玉ねぎは皮をむいて縦半分に切り、繊維に直角に薄切りにする。絹さやは筋を取って斜め半分に切る。Aは混ぜ合わせる。

3　湯が沸いたらじゃが芋を入れ、再び沸騰したらパスタを加える。

4　フライパンにオリーブ油大さじ2を熱し、中火で玉ねぎを3分ほど炒め、コンビーフを加えてくずしながら軽く炒める(a)。

5　パスタがゆで上がる2分前に絹さやを加えてゆでる。

6　5の湯をきって器に入れ、4を加えてAとオリーブ油大さじ1であえ(b)、ベビーリーフを加えてサッと混ぜる。

a

コンビーフは木べらでくずし、広げながら火を通す。

b

調味料とオリーブ油を回しかけ、下から返すように全体をよくあえる。

ぱさつきやすい鶏肉を、卵液でしっとり仕上げる

野菜を次々パスタとゆでていく時短ワザ

チキンピカタのカレーパスタ
Poulet "piccata" au curry

材料(2人分)
フェデリーニ　140g
鶏胸肉(皮なし)　200g
白菜(大きめ)　2〜3枚
パプリカ(赤、黄)　各1/4個
しめじ　1/2パック(50g)
卵　1個
パルメザンチーズ　大さじ3
カレー粉　大さじ1
マヨネーズ　大さじ4
EXVオリーブ油　大さじ1 1/2
小麦粉　少々
塩、こしょう　各少々

作り方

1　鍋に水2.5ℓと塩大さじ1 1/2(分量外)を入れて火にかける。

2　鶏肉は塩、こしょうをふり、小麦粉を薄くまぶす。白菜は縦半分に切って、1cm幅に切る。パプリカはへたと種を除き、7mm幅に切る。しめじは根元を除いてほぐす。卵はボウルに溶き、パルメザンチーズを加えて混ぜる。

3　湯が沸いたら、パスタを半分に折って白菜とともに入れる。

4　フライパンにオリーブ油を熱し、鶏肉に卵液をからめて(a)並べ入れ、弱火で片面3分、返して2分焼く。

5　パスタがゆで上がる3分前にパプリカとしめじを加える。

6　5のゆで汁大さじ3を取り置いて湯をきり、野菜の水けが残っていたら絞る。

7　ゆで汁でカレー粉を溶いてマヨネーズを混ぜ(b)、パスタと野菜をあえる。

8　器に7を盛り、4の鶏肉をのせる。

a

胸肉に卵液をたっぷりつけて焼き、しっとりふんわり仕上げる。

b

カレー粉はパスタのゆで汁で溶きのばしてからマヨネーズと混ぜる。

●魚介のっけパスタ編

たっぷりの野菜を時間差でゆでる。ごま入りのハーブパン粉で風味豊かなさばパスタに

さばとキャベツのレモンドレッシングパスタ

ゆで鍋 / **フライパン**

- 0分
  1 火にかける
  2 ハーブパン粉を作る
  3-4 さばを準備
  5-6 野菜を切る

- 5分
  7 さばとなすを焼く

8 トマトを湯むきし、パスタをゆでる

 10分
  8-9 トマトソースを作る
  11 青じそとキャベツを調味

 15分
  12 パスタとなすをトマトソースであえる

 20分
  盛りつけ

材料(2人分)
- リングイーネ　150g
- さば(三枚おろし)　2枚(1枚100g)
- A　パン粉(細かめ)　カップ1/2
  - おろしにんにく　少々
  - いり白ごま　大さじ1
  - ドライハーブ(タイム、オレガノなど)　少々
- なす　1本
- トマト　2個
- キャベツ　5～6枚
- 青じそ(せん切り)　3枚
- レモン汁　大さじ1
- 砂糖　適量
- 塩　少々
- EXVオリーブ油　大さじ2

作り方

1 鍋に水2.5ℓと塩大さじ1 1/2(分量外)を入れて火にかける。

2 バットにAを混ぜ合わせてハーブパン粉を作る。

ハーブパン粉でさばの臭みを消す

3 さばは塩をふってしばらくおき、水けをふく。

4 さばを2等分に切り、まんべんなくパン粉をまぶす。

5 なすは縞目に皮をむいて1cm幅の輪切りにし、塩水で洗って水けをふく。最近のなすはあくが少ないので、塩水で洗うだけで十分。

6 キャベツは太めのせん切りにする。

7 フライパンにオリーブ油を熱してさばとなすの両面を中火で焼き、取り出す。

8 湯が沸いたら、トマトを10秒ほど湯につけて湯むきする。同じ湯にパスタを半分に折って入れる。トマトはざく切りにして7のフライパンに入れる。

トマトソースは1つまみの砂糖がかくし味

9 砂糖1つまみと塩で味をつける。砂糖を入れることでトマトソースの味がまろやかになる。

10 キャベツは、パスタがゆで上がる5分前にざるに入れ、2分ゆでる。パスタをゆでるための塩分で、キャベツもちょうどいい塩加減に仕上がる。

11 青じそと水けをきった10のキャベツを合わせ、砂糖大さじ1、レモン汁であえる。

時間差でゆで時間をムダにしない

12 9のトマトソースになすを戻し入れ、パスタがゆで上がったら加えてあえる。器に11、なすのトマトソースパスタ、さばを順に盛る。

イタリアでは——3皿コース

①ゆでキャベツのレモンスイートドレッシング
Cavolo agrodolce al limone

②さばのパン粉焼き
Sgombro impanato

③なすのトマトソースパスタ
Linguine alla salsa di pomodoro con melanzane

フランスでは――
一皿で

さばとキャベツのレモンドレッシングパスタ
Maquereau à la chapelure et chou blanc
à la sauce aux aubergines

パリの主婦が大好きなスライサーで超時短。洗い物も少ない

スライサーだけ野菜たっぷりツナパスタ

Thon en boîte et légumes varié emincés par à la mandoline

3皿コースでは
①根菜ホットサラダ
②ツナステーキ
③トマトソースフェトチーネ

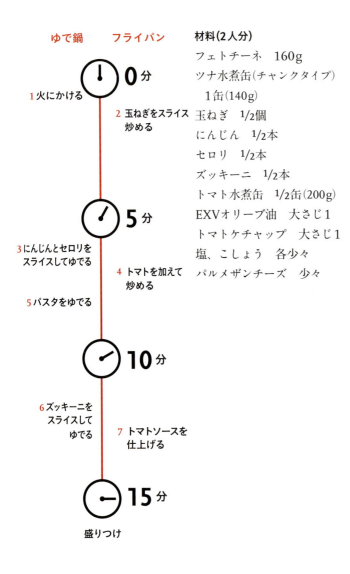

ゆで鍋 / フライパン

- 0分
  1 火にかける
  2 玉ねぎをスライス 炒める
- 5分
  3 にんじんとセロリをスライスしてゆでる
  4 トマトを加えて炒める
  5 パスタをゆでる
- 10分
  6 ズッキーニをスライスしてゆでる
  7 トマトソースを仕上げる
- 15分
  盛りつけ

材料(2人分)

- フェトチーネ　160g
- ツナ水煮缶(チャンクタイプ)　1缶(140g)
- 玉ねぎ　1/2個
- にんじん　1/2本
- セロリ　1/2本
- ズッキーニ　1/2本
- トマト水煮缶　1/2缶(200g)
- EXVオリーブ油　大さじ1
- トマトケチャップ　大さじ1
- 塩、こしょう　各少々
- パルメザンチーズ　少々

作り方

1　鍋に水2.5ℓと塩大さじ1 1/2(分量外)を入れて火にかける。
2　フライパンにオリーブ油と玉ねぎをスライサーで薄切りにしながら入れ(a)、火にかけて中火で炒める。
3　湯が沸いたらにんじん、セロリを順にスライサーで薄切りにしながら鍋に入れ(b)、ゆでる。
4　2のフライパンにトマトを加え、サッと炒める。
5　3の鍋にパスタを加える(c)。
6　パスタがゆで上がる3分前にズッキーニをスライサーで薄切りにしながら加える。
7　4のトマトソースにトマトケチャップ、塩、こしょうを加えて味をととのえ、ツナを缶汁ごと加えてサッと混ぜる(d)。
8　パスタと野菜の湯をきり、器に盛ってオリーブ油少々(分量外)をからめ、7のソースとチーズをかける。

a

玉ねぎは繊維を断ち切るようにスライスし、口当たりをなめらかにする。

b

野菜はスライサーで薄切りにし、直接鍋に入れる。これ、パリの主婦が大好きな調理法。

c

ゆで時間5分のフェトチーネはにんじん、セロリを加えてから。

d

チャンクタイプのツナを使うと食べ応えのあるソースに仕上がる。

スライサーを使うので包丁いらず。直接ゆで鍋に入れるので、まな板も使いません

フライパンでつぶしながらラクラクかぼちゃクリーム作り

牡蠣ベーコンとかぼちゃクリームパスタ
Huîtres au lard a la crème de potiron

> 3皿コースでは
> ①かぼちゃと三つ葉の温サラダ
> ②牡蠣のベーコン巻き
> ③クリームパスタ

ゆで鍋	フライパン
	0分
1 かぼちゃを切って入れ、火にかける	2 牡蠣を準備 三つ葉を切る
	3 牡蠣をベーコンで巻く
	5分
4 かぼちゃを取り出し、パスタをゆでる	5 牡蠣を焼いて取り出す
	10分
	6 ソースを作る
	15分
7 三つ葉をゆでる	
	20分 盛りつけ

材料(2人分)

- スパゲッティーニ　150g
- 牡蠣（かき）　8粒（200g）
- ベーコン　4枚
- かぼちゃ　1/4個（250g）
- 三つ葉　1束
- 生クリーム　大さじ4
- EXVオリーブ油　大さじ2
- ナツメグ、塩、こしょう　各少々

作り方

1　かぼちゃは種とわたを除き、一口大に切る。鍋に水2.5ℓと塩大さじ1 1/2（分量外）、かぼちゃを入れて火にかける。

2　牡蠣は流水でサッと水洗いし、水けをふく（a）。三つ葉は4cm長さに切る。

3　ベーコンは長さを半分に切り、牡蠣を巻いて楊枝で留める（b）。

4　かぼちゃは火が通ったところ（6〜7分）で取り出し、パスタを半分に折ってゆでる。

5　フライパンにオリーブ油を熱して3の牡蠣を転がしながら中火で焼き、取り出す。

6　5のフライパンにかぼちゃを入れて、木べらでつぶしながら炒める（c）。途中でパスタのゆで汁カップ1/3と生クリームを加えてとろっとさせる。塩、こしょう、ナツメグで味をととのえる。

7　パスタがゆで上がる直前に三つ葉を加えてゆで、いっしょに湯をきる。

8　6のかぼちゃクリームを器に広げ、パスタと牡蠣（楊子をはずす）をのせ、こしょうをかける。

牡蠣は、流水をひだの間に当てて汚れを落とし、丁寧に水けをふく。

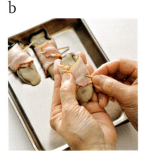

コクをプラスするためにベーコンでひと巻きし、端を楊枝で留める。

使う道具を減らしたいので、かぼちゃはフライパンの中でつぶしながら炒める。

パリで人気の焼き牡蠣と
かぼちゃクリームの、
絶妙な組み合わせ

アンチョビを使うと味つけが簡単
帆立てのアンチョビクリームパスタ
Noix de Saint-Jacques à la crème

3皿コースでは
①カリフラワーとブロッコリーのサラダ
②帆立てとトマトのステーキ
③アンチョビクリームパスタ

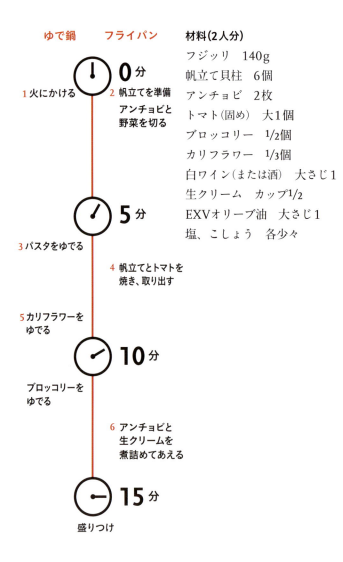

材料(2人分)
フジッリ　140g
帆立て貝柱　6個
アンチョビ　2枚
トマト(固め)　大1個
ブロッコリー　1/2個
カリフラワー　1/3個
白ワイン(または酒)　大さじ1
生クリーム　カップ1/2
EXVオリーブ油　大さじ1
塩、こしょう　各少々

作り方

1　鍋に水2.5ℓと塩大さじ1 1/2(分量外)を入れて火にかける。

2　帆立ては固い部分を残して厚みを半分にするように開き(a)、白ワインをふる。アンチョビは細かく刻む。トマトは縦半分に切ってへたを除き、1cm厚さに切る。ブロッコリーとカリフラワーは小房に分ける。

3　湯が沸いたらパスタをゆでる。

4　フライパンにオリーブ油を熱し、帆立てとトマトの両面を中火でサッと焼いて取り出す。

5　3の鍋にカリフラワーとブロッコリーを2分時間差をつけて加える(b)。

6　4のフライパンにアンチョビと生クリームを加えて軽く煮詰め(c)、塩、こしょうで味をととのえる。ゆで上がった5の湯をきり、あえる。

7　器に盛り、帆立てとトマトをのせる。

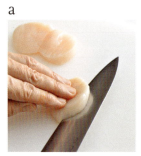

帆立ては横に包丁を入れて厚みを半分にし、雪だるま形に開く。

ブロッコリーは火を通しすぎないほうがおいしいので、カリフラワーの後に加えてゆでる。

生クリームはぶくぶくと泡立つくらいまで煮詰める。

帆立て貝柱は
表面をサッと焼いて
中の柔らかさをキープ。
トマトは軽く焼いて
甘みを引き出す

サッとスチーム鯛の春パスタ

鍋一つで完結！湯気もゆで汁もムダにしない

Pâtes papillons printanières aux carpaccio chauds de pageot

> 3皿コースでは
> ①春野菜のサラダ
> ②スチーム鯛
> ③グリーンピースの
> 　バターソースファルファッレ

ゆで鍋

0分
1 火にかける
2 鯛を準備
3 野菜を切る

5分
4 パスタをゆでる

グリーンピースを
ゆでる

10分

15分
5 鯛をスチーム

6 野菜をゆでる
わかめを入れる
7 わさびバターを
作る

20分
盛りつけ

材料（2人分）

ファルファッレ　140g
鯛（刺身用）　1さく（100g）
にんじん　1/3本
グリーンアスパラガス　3本
グリーンピース（さやから出し
　たもの）　カップ1/4
竹の子（水煮の穂先）　60g
カットわかめ　大さじ2
バター　大さじ3
塩、こしょう　各少々
練りわさび　小さじ1〜2

作り方

1　鍋に水1.5ℓと塩小さじ2（分量外）を入れて火にかける。

2　鯛は薄いそぎ切りにする。耐熱性のラップに少量のサラダ油（分量外）を塗って鯛をのせ、もう1枚ラップをかける。軽くたたいて薄くする。盆ざるにのせて（a）上のラップを外し、軽く塩、こしょうをする。

3　にんじんはピーラーでリボン状に、アスパラガスは根元の皮をむいて斜めに切る。竹の子は薄切りにする（b）。

4　湯が沸いたらパスタをゆでる。グリーンピースは2分後（冷凍ならパスタと同時）に加える。

5　湯が再び沸騰したら、鍋の上に2を盆ざるのままのせる。鯛が好みの半生状態になったら外す（c）。

6　パスタがゆで上がる2分前に3の野菜を加え、直前にわかめを加える。

7　6の湯をきる際に、ボウルにゆで汁を取り置く。小さめのボウルにバターとわさびを入れ、ゆで汁で湯せんして溶かす（d）。

8　パスタと野菜を器に盛り、鯛をラップからすべらせるようにのせ、7のわさびバターをかける。

a

蒸した後、ラップをはずしやすいように油を塗って鯛をのせる。ラップごと盆ざるへ。

b

野菜は、同時に火が通るように切り方を工夫する。

c

ゆで鍋の湯気を有効活用。火の通り加減はふたで調節する。

d

ゆで汁もムダにせず、湯せんに活用。湯をもう一度沸かす手間を省きます。

イタリアの友人にダイエットレシピとして教わった一品。フライパンいらずの手軽さも大人気

里芋を軽く塩もみすると、粘りが出すぎず扱いがラク

生鮭のごま焼き豆乳クリームソース
Saumon en croûte de sésame noir à la sauce au lait de soja

3皿コースでは
① 小松菜と里芋の煮浸し
② 鮭の黒ごま焼き
③ 豆乳クリームパスタ

ゆで鍋 / フライパン

0分
- 1 火にかける
- 3 野菜を切る
- 2 鮭を準備

5分
- 4 パスタと里芋をゆでる
- 5 鮭を焼く

鮭を取り出す

10分
- 6 小松菜をゆでる
- 7 クリームソースを作る
- 8 パスタと野菜をあえる

15分
盛りつけ

材料(2人分)
- フェデリーニ　150g
- 生鮭(切り身)　2切れ
  - いり黒ごま　大さじ2
  - 塩、こしょう　各少々
  - 小麦粉　少々
- 里芋　3個
- 小松菜　2株
- コンソメ(顆粒)　1/2袋(2g)
- 豆乳　カップ1
- バター、小麦粉　各大さじ1
- おろししょうが　少々
- サラダ油　少々

作り方

1　鍋に水2.5ℓと塩大さじ1 1/2(分量外)を入れて火にかける。

2　鮭は2〜3等分に切って、塩、こしょう、小麦粉、黒ごまをまぶす(a)。

3　里芋は皮をむいて塩適量(分量外)でもんでから(b)洗い、1cm厚さの輪切りにする。小松菜は4cm長さに切る。

4　湯が沸いたら、パスタを半分に折って里芋とともに加えてゆでる。

5　フライパンにサラダ油を熱し、鮭の両面を弱めの中火で焼いて中まで火を通し、取り出す。

6　パスタがゆで上がる2分前に小松菜を加える。

7　コンソメをパスタのゆで汁カップ1/4で溶き、豆乳とともに5のフライパンに入れて熱し、バターと小麦粉をよく練り混ぜて(c)加え、とろみをつける。

8　6の湯をきり、小松菜の水けを絞って7に加え、あえる。

9　器に盛り、鮭とおろししょうがをのせる。

a

塩、こしょうをした鮭に小麦粉をふり、黒ごまを押しつけるようにまぶす。

b

皮をむいた里芋は塩もみするとぬめりが取れ、ゆでたときに泡立たずにすむ。

c

小麦粉とバターを練り混ぜるだけのブールマニエは、クリーム系の料理が好きなフランスの家庭で大活躍。

ヘルシー素材いっぱい、
ゆで汁も有効利用。
和食をフレンチの味に
アレンジしたパスタ

「貧乏人のパルミジャーノ」と呼ばれるシチリア名物 カリカリパン粉

パスタのゆで時間が、パン粉といわしの調理時間

いわしのシチリア風パスタ
"Pasta cche sardi" coloré à la Sicilienne

材料(2人分)
スパゲッティーニ　150g
いわし(三枚おろし)　2〜3尾分
パプリカ(赤、黄)　各1/2個
ピーマン　1 1/2個
にんにく　1かけ
赤唐がらし　1本
パセリ　1枝
パン粉　大さじ4
レーズン(ドライ)　大さじ2
EXVオリーブ油　大さじ2 1/2
塩　適量

作り方

1　鍋に水2.5ℓと塩大さじ1 1/2(分量外)を入れて火にかける。

2　いわしは濃いめの塩水で洗い、水けをよくふく。パプリカはへたと種を除いて4mm幅に、ピーマンは縦半分に切ってへたと種を除き、1cm幅に切る。にんにくはみじん切りにする。赤唐がらしは種を除き、小口切りにする。パセリは葉先を小さいカップに入れてはさみの刃先でみじん切りにする。

3　湯が沸いたら少量をすくってレーズンをサッと洗い、パスタを半分に折ってゆでる。

4　フライパンにオリーブ油大さじ2、パン粉、にんにく、塩少々を入れて弱火にかけ、きつね色になるまで炒めて取り出す(a)。

5　オリーブ油大さじ1/2を足して赤唐がらしといわしを入れ、片面2分、返して1分焼く。

6　パスタのゆで上がり3分前にパプリカ、1分前にピーマンを加えてゆで、同時に湯をきって器に盛る。いわしをのせ、4、レーズン、パセリを散らす。

a

こんがりきつね色になるまで炒める。色がつき始めてからは焦げやすいので目を離さないこと。

パリで大人気食材のたこを使ったサラダパスタ

カリフラワーと同時にゆで上がるフジッリを使うのがコツ
豆たこパスタアンチョビ風味
Poulpe et haricots aux anchois à l'huile

材料(2人分)
フジッリ　120g
ゆでだこ　180g
ミックスビーンズ
　（ドライパック）50g
アンチョビ　3枚
カリフラワー　1/3個
青ねぎ　1本
にんにく　1かけ
EXVオリーブ油　大さじ1

作り方
1　鍋に水2.5ℓと塩大さじ1 1/2（分量外）を入れて火にかける。
2　たこは4cm長さに切って縦に薄切りにする（a）。カリフラワーは小房に分ける。青ねぎは小口切りにする。アンチョビはみじん切り、にんにくは薄切りにする。
3　湯が沸いたら少量をすくって豆にかけてサッと洗い、パスタとカリフラワーをゆでる。
4　フライパンににんにくとオリーブ油を入れて弱火にかけ、アンチョビとたこを3～4分炒める。
5　パスタのゆで上がり直前に豆を加え、同時に湯をきる。器に盛り、たことにんにくをのせ、ねぎを散らして4のフライパンに残った油をかける。

たこの足は輪切りにせず、イタリア風に縦に薄切りにする。輪切りにするよりしっかりした歯ごたえが楽しめる。

忙しいパリの主婦のスペシャルテク
冷凍で作るおしゃれパスタ2種

　パスタを人数分ゆでようとすると、パスタが中途半端に袋に残ってしまうこと、ありませんか？ ムダが嫌いなパリの人たちは、とりあえず1袋分、一度に全部ゆでてしまいます。そして、今日食べる分だけ取り分けて、余った分はファスナーつきのポリ袋に入れて、冷凍庫にポン。パスタが食卓に上がるたびに冷凍パスタが「貯金」され、家族分たまったところで一気に調理するのです。

　冷凍パスタのよさは、すでに火が通っているので、ゆでる手間が省けること。調理中に自然に解凍されるので、ゆで鍋も使わずにパスタ料理の完成です。

　一方、冷凍ならではの欠点も。いったんちょうどいい具合にゆでたものを冷凍し、さらに解凍のプロセスで、どうしてもパスタがぐんにゃりしてしまうのです。

　そこで考えたのが、パリで人気の調理法を取り入れたこのレシピ。冷凍パスタとは思えないほどおいしくて、おしゃれな方法をご紹介します。

① パリで人気のパピヨット page64

パピヨットとは、食材と調味料をオーブンシートに包んで蒸し焼きにする調理法。日本でも、魚をアルミホイルに包んで酒蒸しにする調理法がありますが、そのパリバージョンです。冷凍パスタを、食材と調味料の水分で解凍しながら調理します。スチーム料理なので油も最小限ですみ、とってもヘルシー。ムダが嫌い、手間も嫌い、でもいつもキレイでいたいパリっ子の心をとらえた一品です。

便利な冷凍パスタ。熱湯をかけて解凍します。

ボウルを使ってオーブンシートで食材を包むとラク。

このままフライパンへポン！

② チュニジアレストランの味、焼きパスタ page65

クスクスやタジン料理で知られる北アフリカのマグレブ料理はパリの隠れた名物で、カルチェ・ラタンやモンパルナスなど、パリの観光名所にも有名なレストランがたくさんあります。お手頃価格のわりにボリュームたっぷり。豆料理が好きな私は、ひよこ豆を使ったチュニジアの定番料理ラブラビが大好きで、近所のチュニジアレストランによくランチを食べに行きます。そこで出会った焼きパスタは、冷凍パスタで簡単に再現できます。パスタをしっかり焼きつけるので、冷凍パスタの欠点になりがちなぐんにゃり感がなくなるのもいいところ。中華のおこげ料理のように熱々の野菜ソースをかけて味わうエスニックな一皿です。

冷凍パスタはフライパンに入れて、まず熱湯をかけて解凍。

柔らかくなったら油を加えてカリッと焼きつける。

パリッとした歯ごたえに。

パリで人気のパピヨット ①
帆立て貝とグリーンアスパラのパピヨット

材料(2人分)
冷凍パスタ　240g
帆立て貝(ボイル)　6個(80g)
グリーンアスパラガス　3本
舞茸　1/3パック
トマト　1個
ベーコン(脂身少なめ)　2切れ(30g)
白ワイン　小さじ2
EXVオリーブ油　大さじ2
塩、こしょう　各適量
レモン　適量

作り方
1　アスパラガスは斜め薄切りに、トマトはへたを除いてくし形切り、ベーコンは1cm幅に切る。舞茸は一口大にほぐす。
2　ボウルに冷凍パスタを入れて、熱湯をかけてほぐす。完全にほぐれなくても、包みやすい大きさにほぐれればOK。塩、こしょう各少々をふる。
3　40cmほどの長さのオーブンシートをボウルにのせ、パスタの半量、1の具材の半量を順番にのせ、白ワイン小さじ1、オリーブ油大さじ1、塩、こしょう各少々をふって包む。オーブンシートの両端を合わせ、液体がこぼれないように端を折り込んでキャンディーのようにくるっと包む。ボウルのくぼみを使うとちょうどよく材料が収まって上手に包める。同じものを2つ作る。
4　3をフライパンに並べてきっちりふたをし、10分ほど蒸し焼きにする。
5　器にのせ、はさみでパピヨットの中央を切り、形よく開く。レモンを添えてできあがり。

紙包みをフライパンで蒸し焼きに。

チュニジアレストランの味、焼きパスタ②
チュニジア風シーフード焼きパスタ

材料(2人分)
冷凍パスタ　300g
シーフードミックス　140g
なす　1本
ズッキーニ　1/2本
パプリカ(赤)　1/2個
にんにく　1かけ
赤唐がらし　1本
卵　2個
カットトマト缶　1/2缶(200g)
コンソメ(顆粒)　1/2袋(2g)
EXVオリーブ油　適量
塩、こしょう　各適量
パクチー　適宜

作り方
1　なす、ズッキーニ、パプリカ(へたと種を除く)は1cm角に切る。にんにくは薄切りにし、芽を除く。赤唐がらしは種を除いて小口切りにする。
2　フライパンにオリーブ油少々を熱し、目玉焼きを2つ作り、取り出して軽く塩、こしょうをする。
3　2のフライパンにオリーブ油少々を足してにんにくを薄く色づくまで熱したら、赤唐がらしを加えて熱し、ボウルに移す。
4　3のフライパンに冷凍パスタを入れて湯カップ1/2を回しかけ、ふたをする。3分ほど経ったらほぐして丸くととのえ、底にオリーブ油少々を流し込むように足してパスタの底面をカリッと焼き、器に盛る。
5　同じフライパンに野菜、シーフードミックス、トマト、コンソメを湯カップ2/3で溶いて加え、7分ほど加熱し、塩少々で味をととのえる。
6　パスタに5をかけて、目玉焼きをのせ、3を散らす。好みで刻んだパクチーをのせる。

Part 3
ゆで鍋と
ボウル一つ

Salade de pâtes super froide et rapide

あっという間の
冷製のっけサラダパスタ

さっぱりヘルシーな冷製パスタは、夏の食卓には
うれしい一皿。ただ、ゆでたパスタを冷やすのに
時間がかかったり、氷を使うためにパスタのうまみが
抜けたりと、「作りにくい」という声も多いのです。
そんな悩みを解決する方法、ありました。
フランスは農業大国で、パリの街中でも野菜が
豊富に手に入ります。その野菜をムダにしないように、冷凍保存するのです。
とくにパスタによく使うトマトやプチトマトは丸ごと冷凍。
水につけるだけでつるんと皮がむけるので、湯むきも必要ありません。
氷でパスタを冷やす代わりに、冷凍野菜で冷やせば、
パスタの味も落とさずにあっという間に冷製パスタができあがるんです。

パリ流冷製のっけパスタの基本

① トマトは余ったときなどに冷凍しておく。

② ゆでたパスタは冷凍素材でグルグル混ぜて冷やす。

トマトとプチトマトは、それぞれファスナーつきポリ袋に入れて冷凍しておく。

③ グルグル混ぜればパスタも冷えるし、素材も適度に解凍できて時間短縮。

④ 冷凍トマトは水につけるだけで皮がむけるので湯むきいらず。

水につけるとつるんと皮がむける冷凍トマト。

⑤ 冷凍素材に多く触れる細め、小さめのパスタを使う。

● 基本のパリ流冷製のっけパスタ

パクチーにナンプラーのタイ風の時短冷製パスタ。冷凍マンゴーでパスタをグルグル冷やす!

エスニックマンゴーサラダパスタ

ゆで鍋　ボウル

0分
1 火にかける
2-3 具材を切る

5分
4 パスタをゆでる
4 Aを合わせる　ピーナツを刻む
5 ポテトチップを砕く

10分

6 パスタをマンゴーで冷やす

15分
盛りつけ

材料(2人分)
カペリーニ　130g
冷凍マンゴー　110g
ゆでえび　2尾
焼き豚(またはハム)　60g
赤ピーマン　1個
きゅうり　1/2本
マッシュルーム　3個
パクチー　3枝
サラダ菜　4〜5枚
ピーナツ(ロースト)　大さじ2
ポテトチップ(オニオン味)　5〜6枚
A レモン汁　1/2個分
　ナンプラー　大さじ2
　砂糖　小さじ1
　おろしにんにく　少々
　一味唐がらし　少々
サラダ油　少々

こんなものを冷凍しておくと便利!
冷製パスタアラカルト

パリでは冷凍食品が大ブームで、私も冷凍素材を愛用中。また、レモン汁や、賞味期限ギリギリの市販ドレッシングも小分け冷凍しちゃいます。ゆでたてパスタに冷凍ブロッコリー、刻んだハムやチーズ、冷凍レモン汁、冷凍ドレッシングを加えてグルグル混ぜればサラダパスタに。小さいパスタに冷凍ベリー、バニラアイスを加えてグルグル混ぜ、あんこと黒蜜を加えればデザートパスタに。これ、パリでおしるこが恋しくて作ったら、思いのほかおいしかったヒット作。冷凍、何かと便利です!

作り方

1 鍋に水2.5ℓと塩大さじ1½（分量外）を入れて火にかける。

2 マッシュルームは薄切りにしてレモン汁少々（分量外）をかける。

3 えびはそぎ切りにし、焼き豚は5mm幅の細切りにする。きゅうりは斜め薄切りにする。ピーマンはへたと種を除いて3mm幅の細切りにする。

混ぜやすくするように、材料を準備する

4 湯が沸いたらパスタを半分に折ってゆでる。Aは混ぜ合わせる。ピーナツは粗く刻む。包丁の刃先を固定して切ると、ピーナツが飛び散りにくい。

5 ポテトチップは粗く砕く。ポリ袋に入れて砕くと、破片が飛び散らないし、手も汚れない。

冷凍マンゴーでパスタを冷やす

6 パスタがゆで上がったら、湯をきってボウルに入れる。冷凍マンゴー、サラダ油を加え、トングでグルグル回しながら冷やす。

7 器にサラダ菜を敷き、6のパスタと2、3の具材をのせ、Aを回しかける。食べる直前にポテトチップとピーナツ、刻んだパクチーを散らす。

イタリアでは──3皿コース

①えび入りポテトチップ緑のサラダ
Insalata di gamberi indochinese

②焼き豚とマッシュルームのパスタ
Spaghetti aglio olio con maiale arrosto

③ピーナツマンゴーデザート
Sorbetto rapido di mango e arachidi

フランスでは——一皿で

エスニックマンゴーサラダパスタ
《Salade ethenique des cheveux d'ange aux mangues》

トマトでパスタを冷やしているうちにできちゃう！
冷凍トマトでガスパチョパスタ
Gaspacho aux nouilles

3皿コースでは
①ガスパチョ
②ハムサラダ
③卵のカペリーニ

ゆで鍋	ボウル
0分 1 火にかける	2 ハムと野菜を切る
5分 3 卵をゆでる	4 トマトを切ってにんにくをおろし入れる
10分 3 パスタをゆでる	
15分	5 パスタを混ぜる / 6 仕上げ
20分 盛りつけ	

材料(2人分)
カペリーニ　120g
冷凍トマト(大きめ)　2個
卵(室温に戻す)　2個
ハム　2枚
きゅうり　1/2本
ピーマン　1個
にんにく　1/2かけ
EXVオリーブ油　大さじ2
塩、こしょう　各少々
パプリカパウダー　適宜

作り方
1　鍋に水2.5ℓと塩大さじ1 1/2(分量外)を入れて火にかける。
2　ハムは1辺1cm程度のひし形に、きゅうりは皮を縞目にむいて薄切り、ピーマンはへたと種を除いて5mm角に切る。
3　卵は流水できれいに洗う。湯が沸いたら卵を入れ、パスタは半分に折って6分後に加える。
4　冷凍トマトはサッと水をかけて皮をむき(a)、ざく切りにして(b)ボウルに入れ、にんにくをおろし入れる。
5　パスタがゆで上がったら卵を取り出して湯をきり、4のボウルに加えてグルグル混ぜながら冷やし(c)、オリーブ油を加え、塩、こしょうで味をととのえる。
6　器に盛り、野菜とハムをのせる。ゆで卵の殻をむいて半分に切って添え、好みでパプリカをふる。

a
冷凍トマトは水につけるだけで皮がむけるので湯むきいらず。

b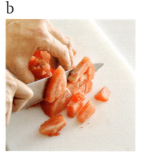
パスタを冷やす氷代わりなので、大きめに切って大丈夫。

c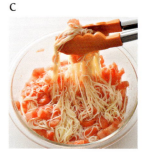
グルグル混ぜているうちに、パスタは冷え、トマトはくずれてガスパチョ風になる。先にオリーブ油を入れると水けが多くなるので、最後に加えるのがコツ。

食欲がない
暑い日にオススメ。
ゆで卵はパスタとともに
かたゆでに

プチトマトの皮とへたは、冷凍だからつるんとむける

カプレーゼ風冷製しらすパスタ
Petits macaroni à la Caprese aux "Shirasu"

ゆで鍋　ボウル

0分
1 火にかける
2 チーズを切る
　バジルを切る

5分
3 パスタをゆでる
4 トマトの皮をむく

10分
5 パスタを混ぜる

15分
盛りつけ

材料(2人分)
マカロニ(小さめ)　140g
冷凍プチトマト　16個
モッツァレラチーズ　100g
しらす　大さじ3(40g)
バジル　3枚
EXVオリーブ油　大さじ1
塩　少々

作り方
1　鍋に水2.5ℓと塩大さじ1½(分量外)を入れて火にかける。
2　チーズは5mm幅の半月切りに、バジルははさみで5mm幅に切る。
3　湯が沸いたらパスタをゆでる。
4　プチトマトは水を入れたボウルにつけて皮とへたを除き(a)、水をきる。
5　パスタがゆで上がったら湯をきり、4のボウルに入れグルグル混ぜながら冷やし(b)、オリーブ油、しらす、バジルを加えて混ぜる。しらすの塩けを確認しながら、塩で味をととのえる。
6　器に盛り、チーズをのせ、バジル(分量外)を添える。

a

トマトは皮といっしょにへたも取り除く。

b

冷凍プチトマトでパスタを冷やしてからしらすを加え、生臭くならないようにする。

冷やしやすい小さなマカロニを使うのがコツ。しらすの塩けで味つけもラクな冷製パスタ

意外と簡単
手打ちパスタで楽しい、おいしい！

「むずかしそう〜、時間がかかりそう〜」って思われがちな手打ちパスタですが、じつは意外と簡単。乾麺では味わえない、もっちりした食感も手打ちならではのおいしさです。パリと東京で不定期に開催しているパスタ教室「ノア流アトリエ」では、パスタはすべて生徒さんに手作りしてもらいます。パリのキッチン事情は、東京と同じ。こぢんまりしているのが普通なので、特別な道具も使わない、広い場所も必要ないやり方にこだわっています。ここでは、とくにパリのアトリエで人気のあるポテトニョッキと、手びねりが楽しいストロッツァプレーティを紹介します。

① ポテトニョッキのクアトロフォルマッジ

ポテトニョッキは、チーズをのせてシンプルに焼くと、じゃが芋のうまみが引き立つおいしさに。ホワイトソースやトマトソースにもよく合います。決め手は、ニョッキにくるりとカールをつけておくこと。ここにチーズやソースがしっかりからまって、おいしく仕上げてくれるんです。

材料(2人分)
じゃが芋　正味360g
強力粉　120g
薄力粉　60g
溶けるチーズ　60g
ブルーチーズ　30g
カマンベールチーズ　100g
パルメザンチーズ　大さじ2
EXVオリーブ油　小さじ2

1 じゃが芋は洗い、皮つきのまま30分ほど、竹串がスッと通るようになるまで柔らかくゆでる。

2 熱いうちに皮をむく。じゃが芋にはフォークを刺して持ち、やけど防止。

3 大きめのボウルに入れてマッシュする。マッシャーがなければ大きめのフォークでつぶす。

4 粉類を3に加え、フォークで全体をざっと混ぜる。

5 粉っぽさがなくなるまで手でこねる。

6 なめらかになったら4つに分け、1つずつまな板にのせて直径1.5cmの棒状にする。

7 端から1.5cm長さに切る。切るたびに棒状のパスタを90度回転させると形がつぶれず揃いやすい。

8 ソースがからみやすくするために、ニョッキ形にととのえる。フォークの背に軽く押しつけ、親指で押しながらくるりとカールさせる。すじをつけることより、カールさせることのほうが大切。くっつかないように並べる。

もっちり食感のポテトニョッキに 4種のチーズの塩けとコクがしっかりからむ

9 鍋に水2.5ℓと塩大さじ1½（分量外）を入れて火にかけ、沸いたら8をゆでる。

10 浮き上がってきたら湯をきる。

11 ボウルに入れて、オリーブ油をからめる。

12 熱々のうちに耐熱皿に移し、溶けるチーズを散らし、ブルーチーズをちぎりながら散らす。4～5かけに切ったカマンベールチーズをのせ、最後にパルメザンチーズをかける。オーブントースターでチーズが溶けるまで焼く。

② ストロッツァプレーティのトマトバジリコソース

イタリアの中部地方が発祥のショートパスタ。そのなかでもロマーニャ地方では、手作りするのがあたりまえ。針金に巻きつけながら作る方法もあるそうですが、手でひねるほうが簡単です。こちらもひねるときにできるすじにソースがいい感じにからんでくれます。調理台でパスタをのばすので、調理前にアルコールスプレーをかけて紙タオルでふき、除菌しておきましょう。

材料(2人分)
強力粉　150g
薄力粉　50g
卵　1個
トマト　3個
バジルペースト(市販)　大さじ2
砂糖　小さじ2
塩、こしょう　各少々
EXVオリーブ油　大さじ1

1 ボウルに粉類を入れてざっと混ぜ、中央にくぼみを作る。

2 中央のくぼみに、卵と水カップ1/4を加える。

3 フォークを使って周囲から中央に向かって粉を巻き込むようにして混ぜる。

4 ひとまとまりになるまで混ぜる。

5 かたまりになったら、台の上にのせ、親指の付け根で押すようにしながら、15分ほどこねる。

6 丸めて10分以上休ませたら、3mm厚さにのばす。

7 端から7mm幅のリボン状に切る。

8 手のひらをこすり合わせるようにして、ひねりながら細い紐状にし、5cm長さにちぎる。

つるんとした食感のパスタに、フレッシュなトマトソース。
作るのも楽しい手びねりパスタ

9 水2.5ℓと塩大さじ1½（分量外）を入れて火にかけ、沸いたら8をゆでる。浮き上がってから5〜6分ゆで、湯をきる。

10 パスタの湯でトマトを湯むきし、小さめの角切りにして砂糖、塩、こしょう、オリーブ油で味つけする。パスタを器に盛り、トマトソースとバジルペーストをのせる。

塩田ノア（しおだ・のあ）

料理研究家。1955年、東京都生まれ。父は作家・評論家の塩田丸男氏、母は料理研究家の塩田ミチル氏。母の影響で小学生のときから料理が得意に。慶應義塾大学経済学部卒業後、銀行に勤務。母のアシスタントを経て、イタリアに渡り、家庭料理を学ぶ。1995年に帰国後、料理教室を始め、イタリアと日本の家庭料理を基本にした、シンプルでおしゃれなふだんのおかずレシピが人気に。雑誌、書籍、テレビで活躍。
2004年からパリに移住、フレンチの味も研究し、フレンチレシピを加えて訪問料理教室を開き、パリの日本人駐在員の妻にも好評。2015年よりパリと東京を行き来しながら、東京でも料理教室を再開。
著書に『パリをおいしく食べる法』(集英社)、『旬ごはん』『なんておいしいの！イタリアン・スローレシピ』(以上、講談社)、他多数。

ブックデザイン／若山嘉代子　L'espace
撮影／嶋田礼奈(本社写真部)
スタイリング／中安章子
料理アシスタント／金子ふみえ、さくらいしょうこ
企画・構成／篠原由紀子

講談社のお料理BOOK
フランスで大人気の時短レシピ
一皿で大満足　のっけパスタ

2017年4月19日　第1刷発行

著　者　塩田ノア
©Noa Shioda 2017, Printed in Japan

発行者　鈴木 哲

発行所　株式会社 講談社
　　　　〒112-8001
　　　　東京都文京区音羽2-12-21
　　　　電話　編集　03-5395-3527
　　　　　　　販売　03-5395-3606
　　　　　　　業務　03-5395-3615
印刷所　大日本印刷株式会社
製本所　株式会社若林製本工場

落丁本・乱丁本は購入書店名を明記のうえ、小社業務あてにお送りください。
送料小社負担にてお取り替えいたします。
なお、この本についてのお問い合わせは、生活文化部 第一あてにお願いいたします。
本書のコピー、スキャン、デジタル化等の無断複製は著作権法上での例外を除き禁じられています。
本書を代行業者等の第三者に依頼してスキャンやデジタル化することは、
たとえ個人や家庭内の利用でも著作権法違反です。
定価はカバーに表示してあります。

ISBN978-4-06-299694-5